JN411335

일 출

문희봉 시집

오늘의문학사

시집을 내면서

수필을 쓰면서 시에도 관심을 갖게 되었다. 수필을 쓰다 보니 수필이 곧 시라는 등식이 성립된다는 사실을 깨닫게 되었다. 세상은 문학이 사는 나라였다.

세상을 사는 동안 아름다움과 슬픔, 서러움, 안타까움 등을 경험하고 이를 영롱한 시어를 사용해 옷을 입혀야 하겠다는 생각을 하게 되었다. 눈물로 바위를 뚫는 작업이라는 생각으로 옷을 입혀 왔다.

나의 시는 고향에 두고 온, 과거와 현재와 미래를 어우르는 빈집이다. 가끔씩 그 집으로 돌아가서 나는 마루를 닦기도 하고, 산과 들을 바라보기도 하고, 갈대숲을 지나는 바람 소리를 듣기도 한다.

시 한 편, 한 편은 인간이 만들 수 있는 가장 아름다운 세계이다. 시만큼 영롱하고, 시만큼 아름답고, 시만큼 평화로운 것이 어디 있겠는가?

이런 이유로 하여 그간 써온 시들을 모아 세 번째 시집을 상재한다.

이 시집을 사십여 성상 외길을 걸어올 수 있게 한, 사랑하고 존경하는 아내에게 바친다.

2011. 1

문화동 센트럴파크에서 저자 文 熙 鳳

‖ ‖ ‖ ‖ ‖ **차례** ‖

2 겨울에도 꽃이 피는 것은

3 어떤 여인

4 아름다운 선율

5 산이 되고 싶다

제1부

솔잎차를 마시며

산사 풍경

목련이 지고 있다.

돌계단의 이끼들
까치발로 서서 아쉬워하고

다람쥐도 산행 길
잠시 멈춰 뒤돌아본다.

석별의 정 나누는 사람들
……
아픈 가슴 다독이려는지

고즈넉한 산사
푸른 종소리
은은하게 울리고 있다.

푸르름과의 연애

웃음으로 조제된 육신
소리 없는 눈동자
수도승을 닮았다

웃음 속에 녹아있는 여린 향
이슬비로 녹아 흐르고
주변은 온통 천국의 영토가 됐다

이승 온 후로
가벼워지는 육체 마다 않고
푸른 밤과 연애 즐기는 그녀
그 푸른 눈
창공과도 사돈 맺었다

열 말 필요 없이
웃음으로 승부 거는
그 넉넉한 가슴

아침 해가
영롱한 호수 대동하여
반기고 있다.

조롱박

울타리에 걸린
정 부스러기

가난과 친교해도
웃음소리 그치지 않고

지나가는 새들이 열어주는
작은 연주회

햇살도 떠나지 않고
사랑 익히는
작은 손놀림

아름다운 그림 그려내는
마술사의 가쁜 숨소리

작은 사찰 비구니 가슴에
풍경으로 매달린다.

벤자민

진눈깨비와 태양과 구름에
목욕하며
피부 손질해 온
처절한 삶의 현장
녹차 잎으로 닦는 상처
새로이 태어나는 영혼
인내로 견뎌온
미래의 청사진
석양에 서서 되돌아보는 여유

베풂이 좋다지만
배고픔도 잊고 살아온 세월
떠나는 시점에 서서
회한으로 뒤덮는 먹구름 같은 상흔

둥지 잃고 헤매던 과거
우물 속에 수장하고
결 고운 서정 한 도막
수구초심으로 쓴 시 한 편
들녘의 바람과 함께
아침 건반 두드린다.

억새 숲

오서산 정상의 억새 숲에는
이웃집 남자가 타고 나간
돛단배의 노 젓는 소리가 들린다
억새들이 세차게 물결치는 것은 바로
이웃집 남자 때문이다
조금이라도 멀리 나가서 한 마리라도 더 잡으려고
잠시도 쉬지 않고 노를 젓기 때문이다
'심봤다'를 외지기 위한 산설한 몸부림이다
억새 숲에 녹아 흐르는
갯마을 향은 아련한 고향의 가슴이다
억새 숲에 녹아 흐르는 갯마을 향은
어머니의 가슴에 매달린
조그만 젖가슴에서 솟아나오는 끈끈한 액이다
억새 숲에는
작은 희망이 있고
작은 소용돌이가 있다
일사불란한 작은 율동이 있다
나는
오늘도
억새 숲 한가운데 서 있다.

관음죽

십오륙 년 전 내 집으로 거처를 옮긴 후
모진 삶을 살아오던 관음죽
비실비실 하다가는
나와 가족들의 사랑과 관심을 듬뿍 먹고
얼굴엔 윤기가 흐르고
다시 기운을 차렸다

오늘
장례식장에서
꽃다운 나이 지천명의 초입
열여섯 속살 곱던 모습으로
환히 웃고 있는 사진 속의 얼굴을 보며
할 말을 잊었다
'쾌유'의 강을 건너지 못한
아쉬움
나는 먼 하늘만 바라보다 되돌아 왔다.

조팝나무

조팝나무 군락지에서
순수를 본다
백의민족 후예들의 행진
역사를 되짚어 오른다

청결, 정결의 옷을 걸치고
핏빛 가신 하이얀 살결
열정 있는 초록으로의 발돋움
오월이 익어간다

혼자보다는 여럿이 좋아
향연 펼치고 있어라

꿈틀

내 몸 안에서 율동하는
작은 떨림

순수가 심연으로 가라앉는다.

잎 진 뒤

산철쭉 지고 피고
계절도 잊은 채
남들은 오들오들
떨고 있는데
혼자서 웬 할 말이
그리도 많은지
군데군데 버짐 핀
굵다란 가지에
시리도록 고운 하늘
매달려 있다
이순의 꽃다운
어머니의 미소가
계절도 잊은 채
환하게 웃고 있다.

보문산 새집

대전시내가 한눈에 내려다보이는 보문산 시루봉 가는 길엔 새집이 여러 채 매달려 있다 마치 태국의 수상가옥 같다 전나무에 매달리기도 하고, 단풍나무에 매달리기도 했다 오늘 내가 본 새집은 단란한 가족들의 모습이었다 엄마새와 아빠새, 그리고 아기새가 넷, 모두 여섯 식구다 깨끗이 청소되어 있는 새집 식구들의 옷차림도 단정하다 전나무 잎도 놀러오고, 단풍잎도 놀러온다 그뿐만이 아니다 솔잎도, 물푸레나무잎도 놀러와선 놀고 있는다 이따금 식장산 푸르름을 동반한 옥양목 같은 바람도 놀러오고, 알껍질을 쪼아대던 부리끝처럼 뾰족한 햇살도 놀러온다 덩치 큰 새들도 지나는 길에 들러 먼 친척의 안부를 전한다 새집을 보면서 사람들은 생의 의지를 키운다 그들과 같이 날고 싶은 욕망에 사로잡힌다 공중에서 저들과 같은 삶을 살아보았으면 하는 희망도 갖는다 그들과 같이 다정을 느끼며 살고 싶어한다 해 지면 먼 불빛 바라보며 포근히 잠드는 그들의 집, 푸른 내음 맡을 수 있는 내일이 있어 그들은 즐겁다 보초병인 다람쥐들의 발길이 바빠진다.

우렁이

웅덩이도 좋고
논바닥도 좋다
축축한 분위기가 아니더라도
가리지 않는다
물풀에 기대어
오늘도 몸집 키운다
세상은 둥글게
손뼉을 치면서 둥글게 둥글게
그렇게 산다
베풂의 철학 속에 속살이 굵는다
단단한 수옥(囚屋)
적막한 무량(無量)
그 속에 아기 웃음소리 해맑다.

솔잎차를 마시며

옆 자리 여인에게서
밀려오는 황홀한 향기
방울방울 뚫고 들어오는 순후한 감홍
내 발등에 둥글게 낙하한다
하루가 그녀의 향으로 가볍다
이순의 세월
향기로 채운 그녀의 육신
지나기는 솔새가 물어다 준 젊음
솔잎의 뾰족함이 자극제가 된다
바람에 일렁이는 슬픔 다독이며
직진의 묘미 만끽한다
슬픔이여! 가라
달콤한 입안
내 메마른 가슴에
그녀의 향기가 진하게 자리한다.

위장술

— 바위솔

물을 먹고 산다

천인단애
하늘로 오르다가 미끄러져 정착한 뒤로
그곳에 터를 잡아 집성촌을 이루었다

친정집은 우중이다
빗속에 춤추는 습성
그때 배웠다
별이 총총한 밤에는
잠들지 못하고 귀가 따갑다

언제쯤 다시 놀이터에 물이 고일까
발을 뻗어도
기미가 없다
너른 품에 안겨 내일을 그리지만
기약 없는 만남이다

하늘을 오르지 못한
목마름

하얀 생명으로 호흡이 없다
그러나 단비 내리는 날이면
푸르름의 마당엔 축제가 열린다

그때까진
철저하게 위장을 해야 한다.

넉넉한 웃음

부드러운 당신의 품
넉넉한 웃음
오늘도 풍만하구나

어지러운 세상
정리하고자
백설을 보내주신 높은 분 덕분에

덕지덕지 묻은 욕심의 터럭
모두 버린 낙엽수들 옆
의지의 소나무 푸르름이 빛난다

아랫동네 초가집 굴뚝
흰 연기 불러모아
곁불이라도 쬐려는가
가슴이 따끈하다

때로는
금빛 구름이고
때론 은빛 안개고

고운 세상 어우르는
신비의 재능

세상을 평정하는
어르신의 넉넉한 마음

분재

방 안에 작은 정원이 있습니다
아가를 데리고 나온 엄마의 얼굴이 해맑습니다
눈보라 이겨내고 피워 올린 작은 잎새가 정겹습니다
허벅지가 짧고 장단지도 짧습니다
무명옷이 아닌
비단 옷을 입은 그들의 표정이 밝습니다
뭇손들에게
당한 발길질
인고의 흔적이 여기저기 남아 있습니다
아픔을 딛고
미소 짓고 있는 살신성인의 정겨움
내 가슴에서도 새 잎이 돋고 경쾌한 바람 소리 들립니다.

과원(果園) 이야기

쑥국새
신나게 목청 뽑고 간 자리에
구름이 내려앉았다
가는 바람에도 제 몸 하나 추스르지 못하고
모두 떨구는 상심
한여름 폭풍우에 자식 잃은 슬픔도 잠시
남은 자식들 엉덩이 살찌던 시절
마지막까지 그려진 유화 한두 짐
지나가는 조씨(鳥氏) 문중 반가워하고
한 해의 끝머리에 서서
돌아올 새해 목마른 후손들에게
병든 이파리로 대물림해선 아니 된다고
다짐하는 손에 힘이 실린다
축복의 전율
새해 새 아침의 찬란한 다짐

질경이

보도블럭 틈새
원래는 흙이었습니다
바람이었습니다
터 잡은 지 수십 년
밟히고 밟히며
살아온 세월
되돌아보니 눈물이 좀 많은가 봅니다
오늘도 또 밟힙니다
떠오르는 해 바라보며
그래도 웃음 보입니다
열정적으로 살았습니다
적극적으로 살았습니다
질긴 생명 자랑하며
가늘게 떨며 호흡하는 영광입니다
그게 바로 내 삶입니다.

제2부

겨울에도 꽃이 피는 것은

꽹과리 소리 내는 봄

이제 막 잠에서 깨어나는
이팝나무 가지들
꽹과리 소리 듣는다

하늘 향해
귀 쫑긋 세우고
학습을 시작하려는 참이다

시린 햇빛에
눈 지그시 감고
머리 속으로 주판알 굴린다

봄이
거북이 등에 얹혀
서서히 모습을 드러내고 있다.

찬란한 사월

봄 햇살 노란 사월
민들레 홀씨처럼 날아온 당신
붓길 같은 보리의 무희
풀 뜯는 염소 등 타고
보름달 같은 사월이 왔다

산수유 웃음 속에
새벽 공기가 향수처럼 곱다
흐르는 강물에 햇빛이 목욕을 하고
강남 갔던 제비 논어를 읽어준다
빛 고운 진달래에 얼굴 문지르는 참새도
축복의 사월에 감탄하고 있다

그 누가 사월을 잔인하다 했는가
살아있는 흙 내음
맨발로 밟는 흙의 촉감
지구를 들어올린 작은 생명들의 축제
포근한 모성 앞에 경건함이 자리한다
나도 꽃 속에 묻혀
입덧하는 산을 축하한다

근면하라 일러주는 꾀꼬리 음성 듣고
정신 가다듬는 내 소망의 뜰
산딸기 따먹던 소녀와의 동행
내 사랑은 이미 사월에 숙성됐다
이 찬란한 사월에
싱그러운 향훈이 리듬을 탄다
한창 유세중인 개나리와 목련
강 건너 정차 중이던 메아리가 시동 걸고
잠 자는 동심 깨워
축복을 갈무리한다
찬란한 사월이다.

아카시아 사랑

아카시아 향을 닮은
수줍음 타던 아가씨

매년 이맘때면 어김없이
빛 바랜 편지 속에서
얼굴 내민다

반듯반듯한 글씨체 속에
나풀거리는 의상
지금도 얼굴엔 복사꽃 그려 넣었구나

넘겨지는 추억의 앨범 따라
아픈 편린 몇 조각 선명해진다
그 뒤로 세월은
초록 그네를 타고 하늘을 난다

함께 나누었던 대화
슬픈 잔영으로 남아
마음밭을 서성인다

아카시아향 속에
수줍던 모습
촉촉한 이슬비 된다
내리는 이슬비 동영상으로
가슴을 파고 든다.

오월의 강

아가 웃음 같은 식구들이
골짜기를 메우니
하늘에 차일이 쳐진다
메마른 대지에 분홍테이프가 나붙고
기다렸던 환희
이제 세상은 풀벌레들의 잔치
왁자함 속에 칠보단장한 신부가 찾아온다
강물도 홍겹다
친구 만나러 집을 나서는 강물에
앞서가는 신부 모습이 해맑다
여기저기서 안부 묻는
친구들
강물은 굽이굽이
살구꽃 핀 마을을 조용히 지난다
활기찬 목소리
함께 부르는 노래
오월의 강가에 벌 나비 지천이다.

초록에 대한 사색

멀찍이서 불어오는 바람
습관처럼 은가루 뿌리고
내 인생
기쁨 내리고
명치 끝이 아리도록
햇살이 앉힌다

나는
웃음 파는 남정네
그 위에 얹히는 쪽빛 하늘

돌아보면 잊혀질세라
바람이 불고
지나간 자리 초록이 물들고
백마 탄 그리움
내일을 기약한다

기분 좋게
초록 바람이 이는
사색의 동산

청보리밭의 환희

뒷동산
초여름 아침이
일렁이는 햇살에
몸을 말리고 있다

훌훌 털고 일어난 육신
뽀송한 몸이 좋아라

검푸른 송간(松幹)
진득진득한 그리움
망태에 긁어모아
하늘에 올린다

청아한 햇살에
젖은 몸 건조되고
그 속에 해맑은 그리움
똬리 틀고 있다

대기실 신부 같던 청보리밭
구름 밀쳐내고
전설 같은 은하수 맞이하고 있다.

사과

네 친구 중에는
각(角)진 아이도, 길쭉한 아이도 있더만
너는 아주 둥글고 예쁘장하구나
땡볕도 품어보고
무서리도 안아보고
그래서 그렇게 둥글다냐
볼이 고운 여승 머무는 산사
가까이 있는 네 집
그래서 여승을 닮았나 보구나
세상과 통하고
부처와 통하고
네가 부럽다.

시월에는

국토는 누런 희망의 세상이다

세월과 발 맞추며
망백의 감나무가
새파란 사랑을 쏟아내던 오월이 있었다

푸른 고집 피우던
단내 나는 햇살과 친교하고
녹음, 그리고 염천과도 막역지우로 지냈다

도회지 폭력배 같은
폭풍의 질곡
불면의 밤이 계속되고
고뇌에 찬 시간의 파편
고통의 무게 얼마였던가
욕심 모두 떨군
아름다운 모습이여
무지갯살로 갈무리한
넉넉한 사랑이여
너의 열정이 익는 냄새
산천을 장식하고

가을 햇살 속의 네 모습이 찬란하다.

요술사의 손놀림

저 요술사의 손놀림 좀 보게나
우주 속에서
호, 불면 빨간 사과 창조되고
호, 불면 굵은 밤송이 쏟아낸다
이번에
호, 불면 또 어떤 가을이 쏟아질 건가
산머루 익어가는 마을
도토리 살찌는 마을
콩잎 팥잎 서서히 물드는 가을
그의 가슴엔 신비가 저장되어 있었구나.

단풍

부러운 것들을 많이 갖고 있는
방년(芳年)의 여인아

동편 하늘에 그려진 칠색 무지개를 보며
입을 다물지 못하는
방년의 여인아

그리워하는 것은 사랑이 되고
부러워하는 것은 성취가 된다는
평범한 진리를 몸소 깨닫는
방년의 여인아

지금 산하는 온통 화생방전이다
엊저녁 잠 못 들고 뒤척이던
당신의 염원이
산하에 축복을 내리셨나니
그래서
당신 몸에서는
쟈스민 향내가 나는가 보다.

가을은 깊어만 간다

나무꼭대기에서 일렁이던 잎새들이
언저리를 맴돌던 햇살 따라 바람 따라
이주를 시작하고 있다

지난 오월이던가
은초록 세상이라 뽐내던 팔불출

세월 지나 아픈 가슴에
경옥고 붙였던 자국이 선명하다

멀대같이 키가 큰 아카시아
바늘 떼어버리니
팔삭동이 청설모가 히죽이죽 웃고 지나간다

홑바지 차림의 보문 동네 식솔들
지나는 바람한테 통사정하고
눈도 땅을 깔고 엎드렸다

'쿵' 떨어지는 큼직한 후박나무잎
작은 세계를 품은 그 소리가
내 가슴에 공명의 까치집으로 탄생한다

나목의 마지막 잎새를 어루만지는 계절의 산하
빛 바랜 연애편지처럼 정겹다

이렇게 가을은 깊어만 간다.

첫눈

첫눈이 내립니다
사람의 눈을 피해
내리는 것이 아닙니다
한낮에 내립니다
함박눈입니다
가슴이 포근해집니다
근심걱정이 지워집니다
세상의 잡것들이 묻힙니다
하늘이 캄캄해집니다
너울너울 춤추며
내려오는 함박눈이
내 어깨에 얹힙니다
웃고 있습니다
지나는 이들도 모두 웃습니다
웃음 캠페인 때문이 아닙니다
첫눈 때문입니다
밖은 어둡지만 마음은 어둡지 않습니다
첫눈은 마술사인가 봅니다.

폭설을 보며

전라도로 통하는 길
오늘은 도로에 자물쇠가 채워졌다
요란스런 나팔소리 들리고 난 후
임금님 행차마저 뚝 끊기고
하늘길도 막혔는가
스무 날째
정기통행권 지참한 기러기도 보이지 않는다
흰옷 길친 사린한 백성들
고개 조아리고
서너 쪽 분량 주문만 낭독하고 있다
후박꽃 향기
엊그제까지 날아들던 곳
그윽한 소리 자취 감추고
컴컴해진 하늘에
촉수 높은 전등알도 꺼지고
차디찬 방 안에 틀어박혀
조용히 눈을 감으니
콸콸 쏟아지는 폭포수 음향
틈 벌어지는 사나이 가슴

눈 내리는 날

함박눈이 지나간 자리에
우뚝 자리한
초록 그리움 하나

청보리 빛 일상
그립고 보고팠던 자잘한 기억들
파노라마 되어 몸을 일으킨다

나풀나풀 날아와
어깨에 앉는 그 날의 기쁨들
어깻죽지에 기온이 오르고
모두의 눈동자에 앉히는 하얀 종소리

이렇게 함박눈 내리는 날
뜨락에 초대하여
갈색 커피에 프림 듬뿍 넣어 나누어 마시면
가슴에 묻어놓았던
이야기 보따리 술술 풀린다.

겨울에도 꽃이 피는 것은

한겨울 북풍받이에서도
꽃이 피는 것은
산짐승을 사모하는 마음이
진하게 배어있기 때문이다

꽃남이 화판에
꽃이 피는 것은
꽃순이를 그리는 절절한 마음이
땅속 깊이 박혀 있기 때문이다

들판 가득
자운영이 고개를 내미는 것은
겨우내 잠자던 햇살을
살며시 보고 싶은 간절한 마음 때문이다

지금 이 순간 모두가 미소 짓는 것은
선장船長과 기장機長이
같은 삶을 희원하고 있기 때문이다.

제3부

어떤 여인

생강 캐는 어머니

땡볕에 수건모자 눌러 쓴 어머니
땅을 파고 생강을 심는다
메뉴키어 한 번 발라보지 못한 손톱
흙빛으로 수수하게 염색하고
땅을 파고 생강을 심는다
파란 싹이 올라올 즈음
끊어지게 아픈 허리 한 번 펴 보고
다시 허리 굽히던 어머니
아들 사친회비 장만해지면
잠자리에서도 파란 미소가 빛났다
생강잎이 누래지면
땅을 파며 웃음 짓던 어머니
해진 앞치마가 짭짤하다.

피부론

오랫동안 인연을 맺었던 나의 피부들
'수거함'에 버려지는 순간
아련한 슬픔이 목젖을 적신다

나와 수십 년을 같이한 피부 조각들
내가 버린 것이 아니라
버림을 당한 것이다
이별의 순간에 감당하지 못할 일
나눠 감당하라는 크고 넓은 가르침
계절 따라 바꾸어 주었던
색깔과 두껍기와 촉감
알맞게 부착하고
기념식장으로, 예식장으로, 일터로, 운동장으로
나를 이끌고 다녔다

세월의 흐름은 늙음이 아니라 숫자에 불과하다는 말씀
오늘 내 가슴을 짓누른다
어디 한 순간이라도 나는 허물을 벗고
외출한 적이 있었는가
망망대해를 혼자 노 저어 본 일 있었는가

훌쩍 떠나는 그 심정
자갈을 내리고 훌쩍 떠나는 덤프트럭처럼
가벼운 마음으로 가도록 도와줘야겠다
나는 순전히 하나의 자갈에 불과했다.

느슨해진 어깨

흐드러지게 피어 청춘을 구사하던
영산홍이 자리를 비켜주고
귀티 나던 은행잎이
세월의 무게를 견디지 못하고 하직 인사를 하러 들렀을 때
아버지도 그 옆에 자리했다
겨울 바람은
아버지의 어깨를 추켜 세웠고
콧등에 빨간 점 하나 찍어 놓았다
누구나 느슨해진 어깨를 갖고 있지 않았지만
아버지의 어깨는 유독 남달랐다
팔 헤엄 하느라 허우적허우적
녹슨 페달 밟느라 흐느적흐느적
떨어진 낙엽과 시이소 놀이 하느라 기진맥진
어깨에 가해진 금속성 경고음
의사 알현할 기회를 놓치고
민간요법에 의지하다
큰 둑 무너뜨린 무지
기러기 지나간 하늘 자취없건만
가위눌림으로 고생한 어깨엔
병장 계급장 선명하다

사병 중의 으뜸인 병장
느슨해진 어깨에 찬 바람 방문하니
균형조차 가누기 힘들다
저녁 바람이 차다.

당신이 그리울 때

당신이 그리울 때
나는 깨밭으로 간다

시려오는 아픔
뿌리까지 젖는 그리움으로
당신의 굽은 허리
머리에 떠올리며
깨밭으로 간다

흐드러지게 핀 깨꽃
은하수가 내려앉은 듯
황홀함 초대하고
그렇게 산 당신을 만나러 그곳에 가면
내 가슴은 촉촉한 시냇물이 된다

미풍에 흔들리는 깨꽃
옥양목 같은 목덜미에
땀이 번져오고
깨꽃 속에 자리한
이순의 당신

세상이 다 무너져도
내겐 당신이 있다

당신이 그리울 때
나는 깨밭으로 간다.

당신과 함께 하는 길

당신과 함께 걸어온 길
당신과 함께 걸어갈 길

잡초 우거진 숲속
자갈밭을 함께 걸었다
비포장의 오솔길도 걷고
인도 없는 이차선도 함께 걸었다

잠시 멈춰 서서
파란 하늘, 맑은 강물을 바라보는 여유
바라보기만 해도 기쁨으로 빛나고
오가는 눈빛만으로도 즐거움이 넘친다

지상에서의 소풍길
다하고 나면
저 세상에서도 나는
당신의 손을 꼬옥 잡고 걸을 것이다

당신과 함께 걸어온 길
당신과 함께 걸어갈 길

원願

저 멀리 뻐꾸기
뻑뻑 뻐꾹
아버지 음성 싣고 달려온다
헝클어진 세상 덮으려
내려온 친구들
작업 바삐 서둘고
세상은 온통 은빛 강산이다
이밥에 고깃국을 그리 원하셨건만
밥상은 늘 잡곡밥에 나물 반찬뿐
엊저녁 메밥 위로 소쩍새가 음복하고 간 뒤
아버지 계신 곳 가는 길엔
청보리밭이 사열병처럼 늘어서서
경계근무에 열중이었다
그 사이
보리깜부기 닮은 귀가 못한 별 하나
아버지 뒤를 따르고 있었다.

바보 같은 여자

내를 건너야 합니다
징검다리가 놓여 있습니다
수십 개는 되는가 봅니다
비 오고 바람 부는 날 많았습니다
이제 여덟 개 건넜습니다
등에서는 땀이 흐릅니다
여기까지 오는 동안 등짐을 풀어볼까도 생각했습니다
그럴 수 없었습니다
내 남자가, 내 분신이 떨어지지 않았습니다
역풍이 부는 날 자빠질 뻔 했습니다
큰 비 퍼붓던 날도 그랬습니다
밑동이 부실한지 돌이 흔들립니다
지난 세월 생사고락을 함께 한 사람들을
나는 떨쳐버릴 수 없었습니다
심장이 멎을 듯한 고통이
창자를 끊어내는 아픔이
왜목마을의 황홀함보다 더 컸습니다
희미한 기억 속에 지나온 발자취가 보이는 듯합니다
아홉 번째 돌로 발을 옮겨야 합니다
몸이 말을 듣지 않습니다

보이는 것도 그렇고
걷는 것도 예전 같지 않습니다
젊음이 오래 지속될 것이라 자부한 세월인데
브레이크를 잘게 밟게 됩니다
그래도 건너야 합니다
무릉도원의 춘시절 물결도 잔잔합니다
건너야 합니다
건너가야 합니다
바보같은 여자는 건너야 합니다.

쾌유하는 남편

기둥은 자빠지지 않았다
3월 첫 자락에 눈이 내렸다
소복소복 쌓이는 눈을 바라보며
젊은 아내는 눈시울을 적셨다
어떻게 일궈낸 우리들의 텃밭인데
젊은 아내는 상추가 얼까봐
비닐을 두 겹 세 겹 덮고 또 덮었다
그리고 쓸어내렸다
날이 샜다
남편이 텃밭을 바라보고 있었다
아내가 비닐을 걷어냈다
활짝 웃고 있는 상추들
남편의 가슴에 옮겨 심었다
잠 자지 않고 털고 또 털어낸 이유를
아내는 말하지 않았다
남편의 가슴에서도
싱싱한 상추가 자라고 있었다.

성묘를 하며

일 년에 서너 차례 이밥에 고깃국
그 어렵던 시절을 떠올립니다
당신이 베풀어놓고 가신
한반도는 지금 혁명중입니다
잡곡밥에 된장국
변화무쌍한 음식 문화
그래도 이승이 좋은가 봅니다
당신께 올리는 인사
여름 과일들이 잔치를 벌입니다
파란 하늘 위로 소쩍새가 납니다
그 사이로 비치는 전원
누런 보리밭입니다
당신의 어깨 위에 핀 보리깜부기
세월의 아픔을 말해줍니다
그래도
돌아오는 발길이 가볍습니다.

기념 사진

그들은
양탄자가 깔린 홀
핑크빛으로 장식된 쇼파에 앉았다
서로의 손을 바투 쥐고
묵직한 웃음 얼굴에 매달고
앉고 서고
렌즈를 향해 벙실대는 그들의 입가에선
연방 축포가 터지고 있다
점잖게 세월을 짜깁기한 듯한
할머니의 품에 안긴 사내아이는
입 안 가득 넣은 단물을
하류로 펌프질하고
그를 바라보는 주변인
보조개 깡통이 주렁주렁 매달리고
아파트 베란다에 얼굴 내민 여자들의
부러움에 찬 시선들
실내를 아늑하게 장식하고
주고 받고
사랑의 운율
파도 되어 흐르고 있다

천상선녀까지 바쁜 시간 내어 그들과 합세하고
탁자 위 작은 인형 눈 크게 뜨고
전축 위 앙증맞은 강아지 꼬리 흔들고
앉고 선 그들의 머리에 내리는
은총 같은 은하수
조화를 이루는 그들의 어깨
천장에서 터지는 프레쉬의 섬광
그 빛을 따라 하나가 된
영원한 일심동체

추억 속의 누이

눈 감고 달려가 본 고향 마을
나보다 두 살 아래
이웃집 누이가 먼저 와 있다

합덕지 아랫동네
인정 많은 사람들 틈에서
소꿉 살림 차렸다
색동저고리 남색 치마
누이와의 신나는 동행

그런 어느 날
둠벙 지나다
펄쩍 뛰어오르는 개구리에 놀라
몹시도 울던 누이
처음으로 눈물 닦아주며
감싸 안았다

눈 뜨지 말걸
개울 건너다 화들짝 놀라 깨어보니
멀리 달아나는 야속한 누이

*합덕지 : 충남 당진군 합덕읍에 있던 큰 연못. 지금은 농경지로 변했다.

그네 타는 여자

저녁놀과 함께 놀러 나온 여자
제 집 찾아 드는 햇살과의 아쉬운 작별
은사시나무 잎 따다
농도 재어보는 열성
그네 위에 앉아 하늘을 봅니다

천상선녀가 그려내는 묘기에 취해
눈시울을 적시는 여자
물속으로 떨어지는 햇살 잡으려 애쓰지만
떠날 때는 말없이
잡은 손이 떨립니다

그네 줄은 팽팽한데
마음 한 구석 텅 비어 기울고야마는
마음의 평형
높이 날아 나빌레라
한 마리 나빌레라
그 모습 안타까워
제 집 찾아들던 햇살
귀가 시간 늦춥니다

저녁놀과 함께 놀러 나온 여자
오래도록 혼자서
그네를 탑니다.

꽃보다 아름다운 사람들

나서기보다 숨어서 일하는 사람들이
나보다 이웃을 먼저 생각하는 사람들이
타고난 베풂을 실천하며
미래를 그려가며 사는 고장
진달래에 이어 노란 리본 달고
활짝 개화한 그들의 본성대로
웃음을 도화지의 여백 위에 그려 넣는 사람들이
미래를 설계하며 사는 고장
내가 가진 능력
내가 가진 적성
혼자 갖기는 어려워
보시의 정신으로 사는 사람들
솔선하고 수범하며 보여주는 훈육으로
고장을 키워가는 사람들
그래서 꽃보다 아름다운 사람들이
오늘도 천연의 향을 발산하고 있다.

어떤 여인

화분을 무진장 갖고 있는 여인 앞에
벌과 나비들이 모였다
성난 시위 군중같이 왁자함 속에
여인은 활짝 웃는다
현관 앞 좌우로 도열한 작달막한 여인들
볼엔 복숭아크림도 살짝 발랐다
기다린다는 것은 오지 않는 것이라는데
이젠 기다릴 필요가 없다
벌과 나비
자기 영역을 최대한 확보한 전장에서의 승리
승리를 위한 제삼자의 개입
의식조차 않음에 나는 우울해졌다
받는 것보다 주는 것이 더 행복하다는
평범한 진리를 일찍이 깨달은 여인
여인의 얼굴에 미소가 벙근다.

금치리 가는 길

어머니! 오늘 당신 음성 그리워 금치리를 향하고 있습니다 어린 생명에게 미소를 주시고 철학을 주시고 자립의 터전을 일구어 주신 치마폭이 그리워 당신께로 향합니다 이따금씩 험준한 산을 넘게 하고, 깊은 물을 건너게 하면서 고통을 이겨내는 지혜를 주입해 주신 당신께로 향합니다 생솔가지 꺾어다 한약 달이시던 모습이 생생합니다 눈물을 한 됫박 쏟아내고서야 첩약 한 사발 만들어내시던 당신입니다 땡볕에서 수건 모자 눌러쓰고 생강 캐시던 모습이 아련합니다 어머니! 당신 계신 그곳에 가면 탐욕의 시내를 건너던 일도, 허영의 도시를 배회하던 일도 기억에서 희미해지면서 제 지느러미가 빛납니다 율동이 경쾌해집니다 자애로운 햇살 같은 눈길을 당신은 언제나 보내주십니다 낯선 타향에서 고난의 두레박 길어 올릴 때 당신께서 보내주신 글, 지금도 된장국에 녹아있는 아욱처럼 제 목을 부드럽게 넘어갑니다 그러면 가슴이 울컥해집니다 세상이 각박해질수록 당신을 찾는 빈도가 잦아집니다 오십 대 중반의 모습으로 당신은 오늘도 허허 웃으면서 맞이해 주십니다.

*금치리 : 어머니께서 편안한 휴식을 취하고 계신 충남 예산군 봉산면

제4부

아름다운 선율

손수건

희미해진 무늬
세월의 두께가 느껴진다
석별의 정
이별의 고통도 함께한 세월이다
소금기 질척한 눈물 닦아주고
진토된 육신 위로하고
흘린 눈물 많고 많은데
가까이 한 시간 많았는데
제대로 마주하지 못하였구나
몹시도 급한 날
휴지 대신 불편을 줘도
얼굴만 약간 붉힐 뿐
찡그리지 않던 너
음습하게만 대우해 주었는데도
넌 해맑은 웃음만 주었다
내일은 향수를 선물할게

환희

그대 음성 따라 달려가는 길
자동차도 흥에 겹다
내 부족함을 채워주는
당신과 함께 할 시간 다가오는데
뜨거운 가슴 딩동댕동 종소리 쏟아낸다

내리쏟는 햇살
폭포로 내리는 환희
초록으로 맺히는 열광
잔잔히 부서지는 시간의 조각
풍경에 앉히는 조용한 떨림

인간관계에서 길어 올린
나의 시가
습자지 같은 조용한 바람과
유화 물감 닮은 분수
얇은 파도를 동반한다

나의 크고 작은 실패를 보면서도
변함없이 옆에 서 있어주는

들깨꽃 내음 풍기는 사랑하는 사람에게
달려가는 길

내가 나를 미워해도
나를 미워하지 않는 사람에게
달려가는 길
저편 하늘 한 구석
그리움 안고 환희의 무지개가 손짓하고 있다.

보물 상자

네 머릿속엔
푸른 하늘이 담겨 있다

네 등에 얹힌
조그만 상자

사람들은 너를
네 상자를 보면서
슬픔의 뿌리를 건져 올린다

어느 날
노래방에서 보았던
춤사위와는 사뭇 다르게

너는
그 속에 보물을 담고 있다

하늘을 날
퍼득거릴 날개를 담고 있다

구름 저 편 하늘이
푸르게 다가오고 있다.

노을

마블링의 극치인가
요란도 해라
신기함에 취해
신호를 놓쳤네
경적 소리에 놀라고
바라본 하늘
조화를 이룬 무대
배경 무늬 현란하고
그네 타는 두 남녀
얼굴이 해맑다.

좋은 풍경

겨울이란 총각이 데리고 온
봄이란 처녀
여자가 되려는지
초경을 치르느라 바쁘다
연인들 발자국 구경도 못했는데
아뿔사
조금 전 화재 신고에 일·일·구가 뜨고
대낮 같은 대낮
한 생명이 보여주는
신비의 극치
황홀함 불러 모아
연분홍 축제를 연다.

어느 오후

개학날은 다가오는데
숙제는 하나도 아니했구나
입학할 때 기념으로 받은 일기장
온통 흰 여백으로 가득찼구나
황홀했던 추억을 그렸다는데
쓰여진 글씨
그려진 그림
하나도 없다
동백은 선홍색 빛으로
철쭉은 시뻘건 색깔로
개성을 표출하지만
사랑의 일기장
베풂의 학습장은 비어있구나
인고의 세월
찌를 무는 물고기 한 마리 없는 현실
되돌아보는 눈가에 안개가 자욱하다.

일출

착시현상만은 아니다

해가 뜰 때
지상의 소리들이
붉게 타오르는 건
사랑의 열정이 식지 않았기 때문이다

잠자던 혈관들
축전 받아들고는 수런수런 일어나
그림 그릴 준비에 몰입한다

흩날리는 치맛자락에서
에메랄드향이 분출되고
환생한 호수는 그림그리기에 열중이다

정열의 바다가
출산한 옥동자
사랑의 찬가로
사방이 떠들썩하다.

베품

선생님은 말씀하셨다
난 너희들에게 등꽃 향을 선물하겠다
세상에서 제일가는 향
원동(遠洞)의 벌들 불러 모으는 그 향을

너희들이
제대로 숨을 쉴 수 없을 정도의 악취로 인해
숨쉬기 운동을 제대로 할 수 없을 때
아카시아향보다도 더 진한
밤꽃향보다 더 알싸한
등꽃 향에 반해
험난한 세상 살아갈 수 있도록

세상은 늘 내 편에만 서지 않는다
찬 물에 발목 적시는 일
세파에 가슴 찢기는 일
다반사로 일어나는 세상

편안한 호흡을 위해
미리 준비해 두는
맑은 목소리의 개울

나는
개똥밭에 굴러도 이승이 좋다
등꽃 향으로 하여

추억

길이 넓다
양탄자가 깔렸다
자전거를 타고 신나게 달린다
그러나 금방 고꾸라진다
온몸이 축축하다
이게 아닌데
하늘에는 별이 총총
사위는 조용하다
흐르는 물소리만이 나의 친구다
으시시하다
눈을 크게 뜨고
자전거를 끌어낸다
갈짓자 걸음 덕에 꽁무니의 도시락 통에서
연주소리 들린다
2차 3차 거드럭거리며
마시고 또 마시고
으시시 춥다
집으로 향하는 길이 보이지 않는다
얼마쯤 가야 내 어머니 기다리는
집이 나올까
점점 멀어져가는 나의 집
하늘에는 별이 총총

편지

당신의 편지는 언제나
따스함을 담고 있습니다
아무리 퍼내도 줄어들지 않는 사랑이
화사한 웃음 가득 담긴 칭찬이
잔 가득 담겨 흘러넘치고 있습니다
당신의 복사꽃 같은 웃음이
당신의 천사 같은 베풂이
함께 담겨 있습니다
그뿐입니까?
엊저녁 백두대간을 넘던 바람이
기숙하고 있어 더욱 정겹습니다
네 겹으로 파랗게 접혀
내 가슴에 비행기 되어 날아옵니다
당신의 편지는
언제나 따스함을 담고 있습니다.

아름다운 선율

아직도 동이 트기는 멀었는데
별빛을 바라보면서 출근하고 있다
버스에서 내려 시장 골목을 지난다
목적지까지 좀 더 걷기 위함이다
갑자기 천상의 음악이 들린다
그리움으로 쓰는 서정시
플라스틱 지붕 위에 내리는 고운 선율
마음의 호수에 물수제비가 뜬다
쉽게 접할 수 없는 음향
평안이 심장 속을 점령한다
마음의 원고지에 사랑이 축적된다
조화를 이룬 화음
하늘 나라 막내딸이
지구 여행하는가
계절에 어울리지 않게
조심조심 찾아온 여린 발걸음
가슴 가득 충만한 리듬이 흐르고 있다
겨울의 초입에
추운 날씨를 예상했는지
비를 피하는 비둘기 부부도 미리 착석해 있다

그들도 고운 음악에 심취해 있다
온몸에서 파란 김이 모락거린다
발바닥에 부착된 용수철
탄력이 상쾌하다.

좋은 사람

오늘도 훔칩니다 어제도 훔쳤지만 오늘 다시 훔칩니다 어제도 훔쳤고, 오늘도 다시 정성들여 훔칩니다 외국인들이 들으면 놀랄 일입니다 무얼 그리 많이 훔치는가 아무리 훔쳐도, 훔쳐도 훔쳐도 때가 묻어나와 조심스럽게 훔쳐냅니다 내 마음도 훔칩니다 어제도 훔쳤고 오늘도 훔칩니다 걸레가 아닌 겸손과 정성으로 훔칩니다 훔쳐도 훔쳐도 마음의 때가 닦여지지 않습니다 닦여진 듯 들여다보면 때가 덕지덕지 묻은 채로 있습니다 시기의 때, 불평의 때를 지울 방법 없나요 그래도 사람들은 훔쳐낸 내 마음에 투표를 합니다 깨끗한 사람, 정갈한 사람이라 한 표 한 표, 표를 모아줍니다 나는 갑자기 좋은 사람이 됩니다.

살 만한 세상

사랑 주는 이웃이 있습니다
들에는 꽃이 핍니다
새파란 하늘엔 새들이 납니다
있어야 할 자리에
꼭 있는 그것들 속에
웃음과 익살과 유머가 살고 있습니다
유리창에 김이 서리면
아담하게 생긴 집 그리고
가족 얼굴 그리는 아이들이 있습니다
더 예쁜 세상 만들기 위해
하늘에선 자우를 뿌리고
땅에선 꽃을 피웁니다
사람들은 서로 사랑합니다
오늘도 잠들기 전
정다움 담긴 편지
그리운 사람 머리맡에 가지런히 놓아둡니다.

행복

베란다 전체를 자신의 터전으로 삼고
살아가는 토끼들의 눈이 예쁘다
아침이면 나를 보고
두 귀 쫑긋 세우고 반갑게 인사한다
원산지 우량 인증 받았는지 엉덩이가 토실하다
아내와 나 사이에
토끼 부부가 애정표현을 하며 끼어든다
앞발 높이 세우고 마주 보며 웃는다
환하게 웃는다
웃지 않을 수 없다
시간 나는 대로 세수하고, 손 씻고, 발도 씻는다
참 귀엽다
머리는 서로 빗어준다
고운 백색 머리가 햇빛에 반사되어 파도를 만든다
아이들이 오면 서커스 단원이 된다
뛰는 모습이 예쁘다
앞서거니 뒤서거니 뒤꿈치 들고
소리 나지 않게 달린다
아래층 신경 쓸 필요가 없다
놀이터에 오르고 내리고
서로를 아끼고 배려한다

앞선 짝을 뒤쫓는 모습이 겨울연가를 연상케 한다
둘이 하나가 된다
입가에 웃음이 자리한다
며칠 후 작은 침대가 하나 생겼다.

종점

부산행 버스를 탔었다
서울행 열차를 탔었다
그래도 종점에 대하여 생각해 본 일이 없다

부산행 버스는
부산이 종점이었다

서울행 열차는
서울이 종점이었다

이제 종점을 생각할
나이가 되었는가
유서 써놓은 친구 얘기가
귀에 쏙 들어온다

아무런 짐도 없이
평생 타보지 못했던
리무진만 타면 된다고 했다.

제5부

산이 되고 싶다

산이 되고 싶다

마음속에 자라는
소나무들의 함성
어릴 적 심어놓았던 소나무 한 그루
지금은 훈장이 되었다
홍수도 견뎌냈고
가뭄도 이겨냈다
오직 한 뜻
푸르른 세상 만들고자
쏟은 정성
벌목공 물리쳤고
엽사도 물리쳤다
반 세기를 흘려보내고
잔 가지 훌훌 털어보니
남는 건 그래도 푸르름 몇 단
소나무야 도란도란
듬직한 산이 되고 싶다.

교단을 떠나며

안개 자욱한
보문산을 오르며
봄을 캐고 있다
눈 큰 고향 소녀
머리에 꽂았던 노란 댕기머리
산수유가 반긴다
초경 치루는 보문산 중턱
신부처럼 예쁜 진달래의 환호
팔부능선 지나
정상에 오르니
지나쳐 온 세월이 보인다
뒤돌아 바라보니
큰 산이 된 듯한 자신을 발견하고
큰 기침 하니
그 큰 가슴으로 나를 안는다.

선생님

선생님은 종종 용광로에 대하여 말씀하셨지요
용광로 속의 쇳물은 모두 같지 않다 하셨지요
1500도 고온의 고통을 감내해야
대접 받는 쇠가 된다 하셨지요
뜨거운 가슴
지혜로운 가슴은
저절로 움트는 게 아니라는 말씀
온갖 시련을 겪으면서도
사랑 받는 쇠가 되기 위해
겸손을 몸에 익힌 그 슬기
선생님, 우리 선생님
이 못 난 제자의 손을 움켜쥐시며
쇠를 닮아서 쇠를 닮아서
작은 못에 쓰일 쇠보다 낚시에 쓰일 쇠보다
점보제트기 엔진에 쓰일 쇠가 되라 하셨지요
그때 이미 이 제자는 알았지요
선생님의 그 뜨거운 눈동자 속에 끓고 있는 쇳물
제가 가야 할 길을 이미 제시하고 계셨다는 것을

감사하고, 또 감사하고

사유의 밭을 경작하는 사람들
한 그루의 나무를 심을 수 있는
큰 공간을 마련한 사람들
가슴도 따스했다
긴 여로에서 돌아온 보헤미안
포근한 품으로 감싸 안고
준비된 친절에 가슴이 녹아내렸다
목젖을 적시는 동동주 한 잔
가슴이 출렁이고
찰칵찰칵 터지는 후레시 광선 속에
기쁨이 각인되고
박수와 환호와 번질한 웃음에
감사하고 또 감사하고
열백 번 감사해도 좋은
끈적끈적한 사람들
단단히 맺어진 인연의 고리
더욱 견고하게
늦은 시각에 올라도 반기는 보문에서
가로등이 던져주는 황홀까지 덤으로 얻었다
혈관 속을 덜컹덜컹 소리 내며
미래를 보는 혜안이 빛을 발했다

전망대 귀빈석
섹스폰에 취하고
오순도순 나누는 대화 속에
밤은 그렇게 깊어만 갔다
감사하고, 또 감사하고

출렁이는 도시

— 교실

이음새가 있는 벽이다
탄성코트 냄새와
아이들 발 냄새가 역하지 않다
방정식이 살아 움직이고
개성의 깊이를 자랑하는 시어들이 날아다닌다
사거리를 지나 고층아파트에 이르면
사람들은 얼굴을 깊숙이 묻고
마블링에 정신을 빼앗긴다
그 사이 음표들도 섹스폰 소리 대동하고
난스텝을 즐긴다
나의 밤은 꿈의 연속이다
한 달 전보다 훨씬 키가 커진 나의 꿈
친구가 조금 빌려갔다. 샘살 솟듯
내 꿈은 다시 부푼다
환한 인사, 경쾌한 동작들
퍼주고 퍼주어도 다시 솟아나는
깊숙한 우물
바깥에는 신나게 노래하는 날짐승
그리고 청청한 녹음을 자랑하는 수목
꿈을 가진 사람들이 내뱉는 재롱들과 어울려 산다

비어 있는 영혼을 채우는 사랑
사랑이 숨쉬는 우리들의 작은 공간이다.

사람을 믿는다는 것은

사람을 믿는다는 것은
상대의 품에 안기는 것이다

사람을 믿는다는 것은
상대와 마음을 합치는 것이다

사람을 믿는다는 것은
일엽편주에 동승하여
위험을 반분하는 것이다

사람을 믿는다는 것은
슬픔과 기쁨이 혼인하는 것이다

사람을 믿는다는 것은
결국 자기 자신을 믿는 것이다.

고귀한 눈물

형광불빛 아래
환한 웃음이 탄다
사십 년을 건너온 세월의 강
마감하는 이순의 신사
눈망울이 촉촉하다
지나온 세월 파노라마 되어
망막에 잡힌다
자전거 봉근실
덜그럭 덜그럭 도시락이 춤 췄다
달음질하던 아이 무릎에 빨간약
소풍길 체했던 아이 소화제 먹이고
깨어진 유리 조각 손등을 찔린 아이
붕대 감아주던 손이 떨렸었다
어깨 주물러주던 고사리 손이 있었다
음료수 따라 주며 눈시울 적시는 단풍잎도 있었다
이마에 자리 잡은 세월의 훈장
오늘 따라 더욱 빛난다
답사하는 시간
뜸이 안 들어 생쌀 같은 밥을 풀 순 없다고…

내 가슴에도 억센 진동이 온다.

가르침

시장 거리엔
젊음이 묻어난다
인정이 묻어난다
전(廛) 펼친 할머니 앞엔
게으른 뭉게구름
푸른 하늘을 날고
화창한 봄이 노래하고 있다

청바지 파는 남자
걸걸한 입담
흥겨운 춤사위도 일품이지만

소쿠리 안
강아지 네 마리
그 끈끈한
형제자매애

인간이 배워야 할
소중한 가르침

하교한 교실

늦은 저녁 교실을 둘러본다
담쟁이들 아름다운 그림 그려 놓은 벽을 따라
올라간 교실
조용한 사위가 나를 반긴다
조금 전까지 왁자했던 분위기 어디로 가고
스피커도 목이 쉬어 잠들어 있고
'오늘 할 일은 내일로 미루지 말라'
금언 같은 격언이 칠판 한쪽에 반듯이 자리하며
교실을 지키고 있다
가로등 불빛 받아
비스듬히 고개 숙인 플라타너스 그림자
을씨년스럽게
빈 교실을 기웃거리고
명희, 은숙, 영란, 정임의 책상 위
조그만 인형들 소곤거리고
그 아랜 희미한 어둠들이 기어다니고 있다
교실 한켠
반짝이는 작은 불빛
새벽이면 몸뚱이 키워
아이들을 불러들일 준비에 몰두해 있다.

나무를 심으며

아이들 눈앞에
나무를 심습니다
초록물감 뿌려지는 계절에
혼(魂) 살릴 선물을 합니다

환한 세상
환희를 불러
은초록 희망을 구가하라고
사랑을 심습니다

칙칙한 겨울을 이겨낼
꽃 세상을 바라며
어둑어둑한 길 꽃길이 되도록
고통을 묻으며 나무를 심습니다

엿가락처럼 늘어지는
권태로움 이겨내고
탐스런 열매를 먹으라고
눈물을 심습니다

당신의 쾌적한 외출을 위해
하늘이 청소를 하는 날이면
나무마다 그리움을 답니다
나무마다 별을 답니다.

기개

남男학교
희망이 용솟음친다
파란 종소리
왁자지껄
운동장에 함성을 담아놓고 산다
남아의 기개
미리 보는 즐거움
한 이랑 두 이랑
캐내어 진열하는 고구마 잔치
폭포수에 어리는 초록 무지개
신뢰와 비전으로 다져진
단단한 어깨

등교 길 추억

어린 시절 학교 가는 길목
초록은 나를 업고
개울 옆 조그만 구멍가게 하나

지난 저녁 미처 하지 못한 숙제 생각에
학교 가는 길은 한없이 더디게 늘어져가고
왕방울 눈깔사탕 네모난 노란 캬라멜
구멍가게에서 나오는 고소한 향이
하늘하늘 떠올라 허공에 초록터널을 만든다

낮은 담장 밑
어미 따라 소풍 나온 예쁜 병아리들
재잘재잘 엉덩이를 실룩거리고
머리는 엄마 품에 쏘옥
아이, 따스해라

개울 옆을 터벅터벅 걷다 뒤돌아보면
초록 터널 옆
나를 반기던
조그만 구멍가게 하나

하교하는 아이들

나비떼들의 윤무가 시작되는데
교문을 빠져나오는 아이들이 있었네
앙상한 가로수에 새 잎 돋게 하던 아이들
고구마순 묻어놓고 열매 맺게 하던 아이들
해진 교복에 줄 풀린 바지
방음벽과 촘촘히 늘어선 가로수는
용기 충만한 아이들을 따라오라 하였네
쉼터를 향해 걸어가는 아이들의
발자국 소리에 똘망똘망한 눈이 박자를 맞춰주네
일찍 마중 나온 달님
가까이 다가와 가는 길을 밝혀주네
달님이 내미는 손
아이 하나가 행복한 웃음으로 덥썩 잡았네
그들이 만든 사랑의 가교
은하수가 되었네. 견우와 직녀 어느새 나타나
휘파람 불며 반기네
왁짜한 거리 내다보는 아이들의 눈
망원경이 되고
그 속에 출렁이는 사랑을 보네
분식집 아줌마가 베풀어주던 사랑을 되새기네

희망이란 반찬, 소망이란 밥이 차려진
상을 받으며 피륙을 짜네.

환희의 순간

밖에 나가 있던 동안
뜸했던 면면들
마주 앉으니 천하가 환희로 꿈틀이고 있다
세월은 주름을 남겼지만
마음만은 청청하여라
가정이 고향이라 했던가
만나면 든든해지고
고향 식솔들 만난 듯한 착각
분위기는 솜사탕 되어
녹아 흘렀다
소나무는 말 없이 살면서도
푸르른 혼 하얀 속살
이승의 시름까지 나이테에 새겨놓았다
파도 이는 보리밭
푸르른 환희
오랜 만남의 포옹
의지의 심호흡
난사하던 햇살
우리를 응시하고
기쁨의 순간들이
찬란한 밤을 그물질했다

우리가 걸어야 할 길에
찬사들이 겹쳐 둥지를 틀기 시작했다.

꽃나무

꽃나무들이 교실과 운동장에 널브러져 있다
허, 참
교실은 몰라도 운동장 한가운데까지 꽃나무라니
꽃가게에 가면
꽃술을 단 꽃나무와
아기 걸음마처럼 이제 막 피어오르려는 꽃나무와
잎사귀만 달고 있는 꽃나무들을 본다
꽃가게에 들르는 사람들 얼굴은
청명한 하늘이다. 개그콘서트를 관람하는 관객이다
저 꽃나무들에게 꽃 피울 능력을 주자
꽃봉오리는
꽃을 피우겠다는 약속을 꽃나무와 한다
우리들은 그 꽃을 보기 위해 기다려야 한다
인격의 물을 주고
칭찬의 거름을 뿌려주고
격려의 약을 발라주면서 기다려야 한다
약속을 이행하도록 정성을 쏟아야 한다
눈보라와
비바람을 이겨낼 각오를 심어주어야 한다
꽃다운 꽃을 피울 수 있도록

돌아보는 내 인생

반 세기를
동량들을 키우며 쉼 없이 달렸다
사랑과 베풂이라는 이름으로 해 왔던 일들이
되돌아보니 등 푸른 바다처럼 쪽빛으로 보인다
살을 태우는 폭염도 살을 에이는 추위도
내 열정 앞엔 숨을 멈췄다

아름다운 숲길만이 아니었다
어깨 위에 촉촉이 비가 내릴 때도 있었다
가랑잎이 뚝뚝 떨어질 때도 있었다
하얀 눈이 내릴 때도 있었다

얽힌 실오라기를
폐부 깊숙한 곳에서 건져 올려
지붕 위에서 정성으로 말리고
헝클어진 매듭 푸느라
음습한 곳에서 바퀴벌레마냥
등 구부리고 잠들기도 했다

닫힌 마음의 족쇄를
사랑이라는 난롯불에 올려

차디찬 얼음 녹여내느라
엉성한 바람막이 노천 민박집에서
충혈된 눈 안대에 의지하면서
새우잠을 자기도 했다

지금은
겨우내 메말랐던 사랑들이
싹을 틔우기 위해 쩍쩍 갈라지는 아픔도
태양을 맞기 위해 수천 리 달려가는 고통도
희망이
해진 앞치마에 조용히 안기며
위대한 모성 앞에 고개 조아린다
시간의 파도 위에 턱을 얹고 있다
햇빛과 바람과 습도
씨앗이 푸른 잎을 달고
굵다란 대궁을 밀어올리며
다시 한 번
꽃과 열매로 탄생하기 위해
입이 찢어지도록 웃고 있을 허수아비를 위해
사랑의 정일한 샘물 속에
영혼 닦아낸다

내일 또 태양이 떠오르기에
희망이 두 겹 세 겹 겹쳐오기에
그 태양 맞기 위해
나는
또 만국기 없는 벌판을
수레를 끌고 달려야 한다.

■해설

인연의 본질적 탐구와 현상적 미학

— 문희봉 시집 『일출』을 중심으로

문학평론가 **리 헌 석**

(사)대전예술단체 총연합회 회장

1. 자신을 돌아보는 시

1948년 충남 당진에서 태어난 문희봉은 수필가이면서 시인이다. 그는 1989년 『월간에세이』에서 수필을 추천 완료하고, 『순수문학』의 신인상을 받아 수필가로 등단한다. 주목 받는 수필을 창작하여 수필가로서의 위상을 높이고, 신문과 방송에 작품을 발표하여 문학 발전에 이바지한다. 성실하게 빚은 작품을 모아 수필집 『작은 기쁨 큰 행복』 『감나무 위에서의 명상』 『페달을 밟으며』 『아마릴리스』 등을 발간하여 수필계의 중진으로 자리 잡는다.

수필가로 문명을 날리면서도, 시 창작을 병행하던 그는 1990년에 『농민문학』(지금의 『한맥문학』)의 신인상에 시가 당선되어 시인의 길을 걷는다. 그 동안 창작한 시를 모아 2003년에 『지천명의 노래』를 펴내고, 2005년에 『천리향』을 발간하였으며, 2011년에 『일출』을 발간하기에 이른다.

이 『일출』은 그가 교육계에서 40여 년을 봉직하고 정년퇴임을 맞아, 그 동안 만났던 사람들에 대한 사랑과 우정을 담고 있다. 작품마다 그의 품성이 진솔하게 투영되어 있다는 점, 사람과 사람에 대한 깊은 애정이 담겨 있다는 점, 그리고 그 바탕에는 자신에 대한 회고와 반성도 서정성 깊게 녹아 있다.

그는 스스로 소나무들이 자라는 「산이 되고 싶다」고 한다. 그는 '소나무들의 함성'을 듣고 자라서 '훈장'(교육자)이 되었다고 한다. '홍수'와 '가뭄'을 이겨내고 '벌목공'과 '엽사'도 물리치고 반세기를 지나서 '푸르름 몇 단'을 수확하였다고 한다. 이는 교육계의 어려움을 극복하고 푸르른 소나무처럼 훌륭한 제자들을 길러내었다는 교육자로서의 자부심에 다름 아니다. 그 소나무들이 더 푸르게 자라는 '듬직한 산'이 되려는 것, 이것이 교육자로서의 진정어린 소망이기도 하다.

이와 같이 비유와 상징을 활용하여 수준 높은 작품을 빚어내는 그는 고향에 대한 서정도 아름답게 반추한다.

오서산 정상의 억새 숲에는
이웃집 남자가 타고 나간
돛단배의 노 젓는 소리가 들린다
억새들이 세차게 물결치는 것은 바로
이웃집 남자 때문이다

조금이라도 멀리 나가서 한 마리라도 더 잡으려고
잠시도 쉬지 않고 노를 젓기 때문이다
'심봤다'를 외치기 위한 간절한 몸부림이다
억새 숲에 녹아 흐르는
갯마을 향은 아련한 고향의 가슴이다
억새 숲에 녹아 흐르는 갯마을 향은
어머니의 가슴에 매달린
조그만 젖가슴에서 솟아나오는 끈끈한 액이다
억새 숲에는
작은 희망이 있고
작은 소용돌이가 있다
일사불란한 작은 율동이 있다
나는
오늘도
억새 숲 한가운데 서 있다.

—「억새 숲」 전문

지금 시인이 서있는 곳은 '오서산'이다. 이 오서산은 충남 보령시, 청양군, 홍성군의 경계에 있는 산이다. 까마귀가 많이 살아서 오서산이라는 이름을 붙였다고도 하고, 검고 높아서 오서산이라고 불렀다고도 전하는데, 정상에는 억새가 군락을 이루고 있다. 어느 초겨울에 시인은 오서산 정상에 오른다. 그 곳에서 억새를 만나게 되고, 이 억새에서 고향의 정서를 환기한다.

그의 고향은 충남 당진군이다. 그 고향의 산에도 가을이면 억새가 하얗게 피어오르고, 그 억새 사이에서 서해 바다의 갯마을 향이 짙게 풍겼을 터이다. 고향과는 멀리 떨어진 오서산 정상에서 시인은 〈이웃집 남자가 타고 나간/돛단배의 노 젓는 소리〉를 들을 줄 안다. 현실에서는 그

소리가 들리지 않겠지만, 시인의 상상 속에서는 그 소리가 또렷하게 들린다. 그 뿐만 아니다. 그의 후각은 〈억새 숲에 녹아 흐르는/ 갯마을 향〉도 되살리고, 그로 인하여 〈아련한 고향의 가슴〉에 들기도 한다. 특히 〈억새 숲에 녹아 흐르는 갯마을 향은/ 어머니의 가슴에 매달린/ 조그만 젖가슴〉에서 맛보던 생명력을 유추하게 한다.

그의 고향에서 사는 사람들은 〈나서기보다 숨어서 일하는 사람들〉 〈나보다 이웃을 먼저 생각하는 사람들〉 〈타고난 베풂을 실천하며/ 미래를 그려가며 사는 고장/ 진달래에 이어 노란 리본 달고/ 활짝 개화한 그들의 본성대로/ 웃음을 도화지의 여백 위에 그려 넣는 사람들〉 〈혼자 갖기는 어려워/ 보시의 정신으로 사는 사람들〉이다. 그런 사람들이 아름다운 미래를 설계하며 사는 고장이다. 그의 고향은 '진달래'가 아름다운 곳이어서 '화전'과 '두견주'가 유명한 곳이기도 하다. 그 곳에서 「꽃보다 아름다운 사람들」이 자연을 사랑하며 산다.

그러나 아름다운 꽃을 피우기 위해서는 극복해야 할 어려움이 산재해 있다. 어려움을 극복하는 비유적 사물로 「질경이」를 설정하여 자신과 견주기도 한다. 〈밟히고 밟히며/ 살아온 세월/ 되돌아보니 눈물이 좀 많은가 봅니다〉라는 것은 바로 시인 자신의 상황이다. 그러나 그는 〈열정적으로 살았습니다/ 적극적으로 살았습니다/ 질긴 생명 자랑하며/ 가늘게 떨며 호흡하는 영광입니다/ 그게 바로 내 삶입니다.〉라고 노래하여 의지적 삶을 지향한다.

2. 사람을 사랑하는 시

평생을 봉직한 교단을 떠나면서, 자신을 위하여 희생적 사랑을 베풀어 주던 사람들에 대한 고마움을 되새기는 것은 당연한 현상이다. 여러 사람들의 배려도 고맙지만, 특별히 자신을 낳아 주신 부모, 함께 정을 나눈 형제와 자매, 그리고 아내와 아이들에 대한 고마움을 작품화한다.

그가 노래한 사랑의 정서는 조상에 대한 흠모(欽慕)로 나타난다. 그는 「성묘를 하며」 할아버지와 할머니, 그리고 아버지와 어머니가 사시던 가난하던 추억을 되살린다. 〈일 년에 서너 차례 이밥에 고깃국/ 그 어렵던 시절〉을 떠올리며 절을 올린다. 이와 함께 이 어른들이 고생하며 터를 닦았기 때문에 잘 살고 있는 고마움도 잊지 않는다. 〈당신이 베풀어놓고 가신/ 한반도는 지금 혁명중입니다/ 잡곡밥에 된장국/ 변화무쌍한 음식 문화〉를 향유하는 이승을 밝힌다. 이러한 고마움으로 〈당신께 올리는 인사/ 여름 과일들〉을 진설하여 제사상을 차린다. 이렇게 제사를 지내고 나면, 시인의 마음은 정화(淨化)된다. 그리하여 〈당신의 어깨 위에 핀 보리깜부기〉를 보면서도 〈돌아오는 발길〉이 가볍다고 한다.

서정의 정화 작용을 이루는 제사에 이어 '아버지'도 그의 가슴에서 살아나는 사랑과 그리움의 원천으로 기능한다.

> 저 멀리 뻐꾸기
> 뻑뻑 뻐꾹
> 아버지 음성 싣고 달려온다

헝클어진 세상 덮으려
내려온 친구들
작업 바삐 서둘고
세상은 온통 은빛 강산이다
이밥에 고깃국을 그리 원하셨건만
밥상은 늘 잡곡밥에 나물 반찬뿐
엊저녁 메밥 위로 소쩍새가 음복하고 간 뒤
아버지 계신 곳 가는 길엔
청보리밭이 사열병처럼 늘어서서
경계근무에 열중이었다
그 사이
보리깜부기 닮은 귀가 못한 별 하나
아버지 뒤를 따르고 있었다.

—「원(願)」 전문

이 작품에서 시인은 〈보리깜부기 닮은 귀가 못한 별 하나〉로 자신을 지정(指定)하면서, 아버지의 뒤를 따르고 있다고 고백한다. 이 작품에서 〈엊저녁 메밥 위로 소쩍새가 음복하고 간 뒤/ 아버지 계신 곳 가는 길엔/ 청보리밭이 사열병처럼 늘어서서/ 경계근무에 열중이었다〉는 표현의 백미(白眉)가 문학 작품으로서의 가치를 높인다.

아버지와 함께 어머니도 서정의 중심에 자리한다. 한국의 어머니들은 가정과 자녀들을 위한 노동과 희생의 상징으로 노래되는데, 문희봉 시인도 이 범주에서 「생강 캐는 어머니」를 형상화한다. 〈땡볕에 수건모자 눌러 쓴 어머니/ 땅을 파고 생강을 심는다/ 메뉴키어 한 번 발라보지 못한 손톱/ 흙빛으로 수수하게 염색하고/ 땅을 파고 생강〉을 심는 어머니상을 그린다. 이어서 〈파란 싹이 올라올 즈음/

끊어지게 아픈 허리 한 번 펴 보고/ 다시 허리 굽히던 어머니〉의 노고(勞苦)를 그린 다음, 그 농사의 결과로 〈아들 사친회비 장만해지면/ 잠자리에서도 파란 미소가 빛났다〉고 술회한다. 그리하여 생강을 수확할 때가 되어 〈생강잎이 누래지면/ 땅을 파며 웃음 짓던 어머니〉를 회상하는 자녀가 된다. 이 작품의 끝에 〈해진 앞치마가 짭짤하다.〉라는 묘사는 간결하면서도 감동적이다. 한 줄의 시행으로, 어머니의 땀을 유추하게 하는 표현 기법은 그의 예술적 감성에 기인하는 것이기도 하다.

그리하여 그는 아버지 혹은 어머니에 대한 그리운 정서에 휩싸이게 되고, 부모님이 농사를 짓던 밭으로 나가는 동인(動因)이 된다.

당신이 그리울 때
나는 깨밭으로 간다

시려오는 아픔
뿌리까지 젖는 그리움으로
당신의 굽은 허리
머리에 떠올리며
깨밭으로 간다

흐드러지게 핀 깨꽃
은하수가 내려앉은 듯
황홀함 초대하고
그렇게 산 당신을 만나러 그곳에 가면
내 가슴은 촉촉한 시냇물이 된다

미풍에 흔들리는 깨꽃

옥양목 같은 목덜미에
땀이 번져오고
깨꽃 속에 자리한
이순의 당신

세상이 다 무너져도
내겐 당신이 있다

당신이 그리울 때
나는 깨밭으로 간다.

—「당신이 그리울 때」 전문

그리움의 정서가 표현의 멋과 함께 새로운 감동을 생성하는 작품이다. 이러한 과정에서 아내에 대한 사랑을 고백하기도 한다. 또한 자신에 대한 아내의 희생적 사랑을 서사적 기법으로 형상화하기도 한다. 「쾌유하는 남편」에서 시인은 아내의 극진한 간병을 받는 것으로 되어 있다. 그 전개 과정이 '오 헨리'의 「마지막 잎새」와 동일한 구성이다. 마지막 잎새가 떨어지면 폐렴 환자인 소녀가 죽을 것이라는 말을 하자, 무명 화가가 그 잎새를 그려 놓았기 때문에 아침에 눈을 뜬 소녀환자가 희망을 갖게 되었다는 단편소설의 구성과 크게 다르지 않다.

부부는 비닐하우스에 채소를 심고 가꾼다. 그러던 중에 남편이 병환에 든다. 눈이 내리는 날, 남편은 비닐하우스가 쓰러지거나, 채소가 얼어 죽을까봐 걱정이다. 눈이 소복하게 쌓이는 대로 아내는 밤새 눈을 쓸어내린다. 그리하여 많은 눈이 내렸지만 비닐하우스는 건재하였고, 그것을 바라보는 남편 앞에서 그의 아내는 비닐을 걷어내고 싱싱한 상추를 보여준다. 〈활짝 웃고 있는 상추들/ 남편의 가슴에 옮겨 심었다〉 〈남편의 가슴에서도/ 싱싱한 상추가 자라고 있었다〉라는 시행(詩行)에서 남편의 쾌유를 유추할 수 있다. 이와 함께 비닐하우스에 내리는 눈을 밤새 〈잠 자지 않고 털고 또 털어낸 이유를/ 아내는 말하지 않았다〉에서 무언(無言)으로 실천한 사랑의 가치를 확인할 수 있다.

이러한 아내이기에, 그는 죽어 저승에 가거나, 혹은 다시 이승에 태어나서도 아내와 함께 하기를 소망한다.

당신과 함께 걸어온 길
당신과 함께 걸어갈 길

잡초 우거진 숲속
자갈밭을 함께 걸었다
비포장의 오솔길도 걷고
인도 없는 이차선도 함께 걸었다

잠시 멈춰 서서
파란 하늘, 맑은 강물을 바라보는 여유
바라보기만 해도 기쁨으로 빛나고
오가는 눈빛만으로도 즐거움이 넘친다

지상에서의 소풍길
다하고 나면
저 세상에서도 나는
당신의 손을 꼬옥 잡고 걸을 것이다

당신과 함께 걸어온 길
당신과 함께 걸어갈 길

—「당신과 함께 하는 길」 전문

이와 같이 사랑의 의지를 노래하던 그는 아내와 「솔잎 차를 마시며」 다정한 시간을 보낸다. 〈옆 자리 여인에게서/ 밀려오는 황홀한 향기/ 방울방울 뚫고 들어오는 순후한 감홍/ 내 발등에 둥글게 낙하한다/ 하루가 그녀의 향으로 가볍다〉고 노래한다. 그리하여 〈이순의 세월〉을 보내었지만, 〈향기로 채운 그녀의 육신〉은 〈지나가는 솔새가 물어다 준 젊음〉으로 인하여 새로운 힘이 생긴다. 특히 솔잎의 향기가 흐르는 바람에 평소의 어려움을 씻어내며 생활한다. 이것이 바로 문희봉 시인이 추구하는 사랑의 의미라 하겠다.

아내에 대한 사랑처럼, 형세 자매에 대한 사랑, 친구에 대한 우정도 작품으로 승화된다. 여동생에 대한 작품 「추억 속의 누이」다. 〈눈 감고 달려가 본 고향 마을/ 나보다 두 살 아래/ 이웃집 누이가 먼저 와 있다〉 〈합덕지 아랫동네/ 인정 많은 사람들 틈에서/ 소꿉 살림 차렸다/ 색동저고리 남색 치마/ 누이와의 신나는 동행〉을 그리지만, 그것은 회상 속에서 건진 추억의 한 도막일 뿐이다.

그의 곁에는 많은 사람들이 정을 나누며 산다. 그가 따뜻한 마음을 나누기 때문에, 그의 곁에 있는 사람들도 따뜻한 정을 나눈다. 그 중에서 '백두대간'을 종주할 정도로 등산에 열성인 친구의 편지, 혹은 그의 글을 읽고 쓴 작품은 우정을 아름답게 승화시키는 힘을 보인다.

당신의 편지는 언제나
따스함을 담고 있습니다

아무리 퍼내도 줄어들지 않는 사랑이
화사한 웃음 가득 담긴 칭찬이
잔 가득 담겨 흘러넘치고 있습니다
당신의 복사꽃 같은 웃음이
당신의 천사 같은 베풂이
함께 담겨 있습니다
그뿐입니까?
엊저녁 백두대간을 넘던 바람이
기숙하고 있어 더욱 정겹습니다
네 겹으로 파랗게 접혀
내 가슴에 비행기 되어 날아옵니다
당신의 편지는
언제나 따스함을 담고 있습니다.

—「편지」 전문

이러한 우정과 사랑에 의하여, 이 세상은 정말 살맛이 나는 것이라고 말한다. 그는 「살 만한 세상」에서 친교의 보람을 노래한다. 〈사랑 주는 이웃이 있습니다/ 들에는 꽃이 핍니다/ 새파란 하늘엔 새들이 납니다〉 〈있어야 할 자리에/ 꼭 있는 그것들 속에/ 웃음과 익살과 유머가 살고 있습니다〉 〈더 예쁜 세상 만들기 위해/ 하늘에선 자우를 뿌리고/ 땅에선 꽃을 피웁니다〉 〈사람들은 서로 사랑합니다〉 등에서 시인의 내면을 확인하게 된다.

그는 또한 스승에 대한 존경과 사랑을 노래하기도 한다. 「선생님」에서 선생님의 가르침대로 실천하려는 자신을 그려낸다. 〈선생님은 종종 용광로에 대하여 말씀하셨지요/ 용광로 속의 쇳물은 모두 같지 않다 하셨지요/ 1500도 고온의 고통을 감내해야/ 대접 받는 쇠가 된다 하셨지요〉 등을 통하여 삶의 고통을 극복할 수 있는 지혜를 배웠다고 말한다. 세상의 고통을 감내하며, 〈사랑 받는 쇠가 되기 위해/ 겸손을 몸에 익힌 그 슬기〉를 스스로 터득한다. 그리하여 그는 〈선생님의 그 뜨거운 눈동자 속에 끓고 있는 쇳물〉〈제가 가야 할 길을 이미 제시하고 계셨다는 것〉을 알고, 그 가르침을 실천하며 이순(耳順)을 넘겼다고 고백한다.

3. 시의 뜰에서 나오기

문희봉 시인은 가장 가까운 혈족(血族)에 대한 사랑을 작품으로 형상화하기도 하고, 그와 인연을 맺은 수많은 사람들에 대한 사랑과 우정을 노래하기도 한다. 이러한 정서를 작품으로 승화시켜 크고 작은 감동을 생성한다.

그 과정에서 자연의 아름다움도 작품으로 승화된다. 단풍을 '방년(芳年)의 여인'으로 비유하여 새로운 맛을 담아내기도 한다. 「단풍」에서 그는 폭발적 정서를 환기한다. 〈부러운 것들을 많이 갖고 있는/ 방년(芳年)의 여인아〉〈동편 하늘에 그려진 칠색 무지개를 보며/ 입을 다물지 못하는/ 방년의 여인아〉〈그리워하는 것은 사랑이 되고/ 부러워하는 것은 성취가 된다는/ 평범한 진리를 몸소 깨닫는 / 방년의 여인아〉 등으로 노래하다가, 〈당신의 염원이/ 산하에 축복을 내리셨나니/ 그래서/ 당신 몸에서는/ 쟈스민 향내가 나는가 보다.〉고 노래한다.

이렇게 여러 사물을 노래하지만, 시집 『일출』에서 보

이려고 하는 중심축은 '사람'이다. 특히 사랑을 나누고, 우정을 나누는 사람들에 대한 그의 정서는 종교적 깊이에 이르는 것 같다.

사람을 믿는다는 것은
상대의 품에 안기는 것이다

사람을 믿는다는 것은
상대와 마음을 합치는 것이다

사람을 믿는다는 것은
일엽편주에 동승하여
위험을 반분하는 것이다

사람을 믿는다는 것은
슬픔과 기쁨이 혼인하는 것이다

사람을 믿는다는 것은
결국 자기 자신을 믿는 것이다.

—「사람을 믿는다는 것은」 전문

그는 많은 사람들을 만나게 되고, 그때 가장 소중한 것이 '믿음'이라는 명제에 이른다. 이러한 믿음은 「감사하고, 또 감사하고」에도 반영되어 있다. 〈사유와 밭을 경작하는 사람들/ 한 그루의 나무를 심을 수 있는/ 큰 공간을 마련한 사람들〉이 〈단단히 맺어진 인연의 고리〉여서 더욱 감사해야 한다고 말한다. 지나온 60여 년, 그리고 교육자로 지낸 40여 년의 삶이 바로 수많은 사람들의 은덕으로 인식하기 때문에 〈감사하고 또 감사하고/ 열백 번 감사〉한다고 말한다.

「돌아보는 내 인생」에서 그는 여러 어려움을 극복하는 과정을 밝히면서 〈씨앗이 푸른 잎을 달고/ 굵다란 대궁을 밀어 올리며/ 다시 한 번/ 꽃과 열매로 탄생하기 위해〉 〈사랑의 정일한 샘물 속에/ 영혼〉을 닦아내겠다는 의지를 담는다. 정일(靜逸)하게 씻어낸 영혼의 밭에 아름다운 시(詩)의 씨를 뿌리고 가꿀 것이며, 더 많은 사람들과 만나 사랑의 노래도 함께 부를 것이다. 교단에서 떠나는 것을 경계로 하여, 그는 비로소 진정한 문학의 영토에 입문하는 것이기도 하다. 이 영토에서 새롭게 뿌리를 내리고 튼실한 열매를 맺으리니, 기대하는 바가 커도 좋으리라

일 출

문희봉 시집. 2011

발 행 일 | 2011년 1월 10일

지 은 이 | 文熙鳳
발 행 인 | 李憲錫
발 행 처 | 오늘의문학사
출판등록 | 제55호(1993년 6월 23일)

주　　소 | 대전광역시 동구 삼성1동 125-6 한밭오피스텔 401호
전화번호 | (042)624-2980
팩　　스 | (042)628-2983
홈페이지 | http://www.lito77.co.kr(홈페이지)
전자우편 | hs2980@hanmail.net

ISBN 978-89-5669-418-4
값 7,000원